15 Novembre 1883.

PORCELAINES ANCIENNES

DE LA

CHINE ET DU JAPON

à

COUVERTES UNIES

PARIS — NOVEMBRE 1883

IMPRIMERIE CENTRALE DES CHEMINS DE FER.—IMP. CHAIX. — RUE BERGÈRE, 20.—23084-3.

Vente du Jeudi 15 Novembre 1883

HOTEL DROUOT, SALLE N° 5

A DEUX HEURES

CATALOGUE

DE

PORCELAINES ANCIENNES

DE LA CHINE & DU JAPON

REMARQUABLES ÉCHANTILLONS

en bleu turquoise, bleu émeraude — vert camélia — jaune moutarde
— céladons et autres.

TRÈS BEAUX FLAMBÉS

VASES, COUPES, PLATS, ASSIETTES, ETC.

Provenant du cabinet de M. Le...

EXPOSITION PUBLIQUE

Le Mercredi 14 Novembre 1883, de 1 h. à 5 h.

Mᵉ QUÉVREMONT	M. GANDOUIN
COMMISSAIRE-PRISEUR	EXPERT
Rue Richer, n° 46.	Rue Le Peletier, n° 42.

PARIS — 1883

D 5412

La collection que j'ai l'honneur de présenter possède cette particularité que M. L***, qui l'a formée, s'est attaché à réunir tous les échantillons les plus difficiles à obtenir en fabrication.

Tous ces vases comprennent les couvertes connues sous les noms : *bleu turquoise, émeraude, vert émeraude, vert de cuivre, vert camélia, grands flambés, truités, cendrés*, nuageux, haricot, pintade et autres ; les jaune moutarde, jaune paille, jaune impérial et rouge corail ; plus divers grès, faïences et terres cuites de la Chine et du Japon d'une rareté excessive. La beauté de ces émaux et leur qualité n'ont jamais été atteintes dans les essais des fabriques européennes des xviiie et xixe siècles.

C'est jusqu'à ce jour la seule collection de ce genre qui eût été présentée à notre public.

Ces pièces se trouvant généralement, par échantillons isolés, dans les collections de céramique qui ont été soumises aux enchères.

E. Gandouin.

DÉSIGNATION

— Grand Vase à collerette.
> Émail bleu turquoise. Pièce remarquable, d'une réussite extraordinaire.

2 — Vase Rouleau, à surface gaufrée, gravé sous engobe.
> Email bleu turquoise.

3 — Vase forme balustre, décoré du Dragon sacré Hoang-Lang, gravé sous engobe.
> Émail bleu turquoise.

4 — Vase forme balustre carré, surface unie.
> Émail bleu turquoise.

5 — Vase, balustre, uni.
> Émail bleu turquoise.

6 — Vase forme bouteille à panse ronde ; annelée.
> Émail bleu turquoise.

7 — Vase forme bouteille à panse arrondie, uni.

Émail bleu turquoise.

8 — Vase cylindrique évasé.

Émail bleu turquoise.

9 — Pot à Thé de forme hexagone avec reliefs sous engobe.

Émail bleu turquoise.

10 — Autre Vase analogue au précédent.

Même émail.

11 — Coupe.

Émail bleu turquoise.

12 — Plat.

Émail bleu turquoise uni.

13 — Plat.

Émail bleu uni.

14 — Plat uni,

Émail bleu turquoise craquelé.

15 — Plat uni.

Email bleu turquoise.

16 — Vase-Bouteille.

Email flambé multicolore. Pièce superbe de qualité et valeur de tons.

17-18 — Paire de petites Bouteilles.

Email bleu turquoise.

19 — Vase-Bouteille annelé.

Email turquoise.

20 — Petit Vase forme balustre annelé.

Email bleu turquoise.

21 — Vase forme balustre uni.

Email bleu turquoise.

22 — Petit Vase forme balustre à surface lobée.

Email turquoise.

23 — Vase ovoïde.

Email flambé très beaux tons. Pièce exceptionnelle par la qualité de l'émail et la parfaite
réussite.

24 — Vase à surface, côtelée.

Email flambé très belle qualité.

25 — Bouteille.

Email flambé gris, violet et rouge. Très belle
qualité, monture en argent.

26 — Vase ovoïde.

Couverte flambée superbe brun rouge, violet.

27-28 — Paire de vases forme balustre.

Émail flambé, Jaspé très belle qualité.

29 — Petite coupe.

Émail flambé, couverte sang de bœuf.

30 — Coupe.

Émail flambé, couverte dite suiffée, échantillon
très curieux.

31 — Bouteille.

Émail flambé à reflets irisés, très belle qualité.

32 — Bouteille.

Émail jaspé, très bel échantillon.

33 — Vase-Bouteille.

Surface et émaux désignés sous le nom (peau de
Pêche), très belle qualité.

34 — Vase sphérique.

Surface et émail analogues au n° précédent, même
qualité.

35 — Coupe carrée.

Couverte céladon, socle niellé.

36 — Petite Bouteille.

Couverte dite jaune moutarde.

37 — Pendant du n° précédent.

Même couverte.

38 — Petit Vase.

Émail jaune moutarde superbe qualité.

39 — Petit Vase.

Émail vert et moutarde, échantillon très curieux.

40 — Flacon.

Couverte dite camélia.

41 — Bouteille, décor bleu.

42 — Très jolie Tasse, fabrique de Satzuma.

Le Décor représente des amateurs de peinture, examinant des Kakémonos.

43 — Autre.

Décor analogue.

44 - - Vase forme Lanterne.

Email flambé bleu, pièce remarquable par sa forme, sa qualité et son extrême rareté.

45 — Bol.

Email bleu turquoise.

46 — Cornet.

Faïence chinoise, fabrique inconnue, émail flambé.

47 — Tasse, fabrique d'Erakon.

Email corail, décor or.

48 — Tasse, fabrique de Satzuma.

Le fusi Yama.

49 — Tasse, fabrique de Satzuma.

> Email noir, aventuriné d'or, pièce d'une très grande ancienneté.

50 — Vase Brûle-parfums, fabrique de Mikawaki-Shirado.

> Pièce très curieuse.

51 — Petit Vase, fabrique de Ko-Mikawaki.

> Le couvercle de ce vase est niellé.

52 — Petit Vase.

> Provient de la vente Marquis.

53-54 — Collection de douze Tabatières.

> Ces pièces seront vendues séparément.

65 — Bol.

> Fabrique de Satzuma, décor de rivière] et feuillis en or, très belle qualité.

66 — Bol.

> Fabrique de Satzuma, décor de Chrysanthèmes et Pivoines, très belle qualité.

67 — Plaque.

> Époque de Kang-hi, superbe pièce dont les émaux sont d'une qualité exceptionnelle.

68 — Théière.

> Fabrique de Satzuma, décor or, (réparée).

69 — Théière, forme rectangulaire.

> Fabrique d'Imari (réparée).

70 — Théière à surface côtelée.

> Fabrique de Satzuma.

71 — Théière forme tortue à anses.

> Yat Shiro.

72 - Théière tortue.

> Émaillée écaille, Rakou.

73 — Flacon forme poire.

Gris émail soufflé.

74 — Flacon.

Blanc, chargé d'inscriptions.

75 — Flacon à thé carré.

Décor rouge, fabrique de Kioto.

76-77 — Paire de flacons forme gourde.

Fabrique de Ninseï, pâte craquelée, émail traité.

78 — Bouteille ronde, décor rouge et or.

Fabrique d'Arita, province d'Imari.

79 — Flacon octogone, surface craquelée, ornée de bambous peints verts.

Fabrique de Ninseï.

80 — Assiette.

Fabrication dite coquille d'œuf. Le décor représente un vieillard, une femme et un jeune enfant. — Très belle pièce, superbe qualité.

81 — Autre de même fabrication et même décor.

Pièce exceptionnelle.

82 — Assiette.

Fabrication dite coquille d'œuf.
Le Marli, décor rouge corail.
Splendide pièce dont la couverte et les émaux sont d'une réussite incomparable.

83 — Assiette coquille d'œuf.

Décor femme et enfants. — Très belle qualité (fêlée).

84 — Brûle-parfums.

Chimère assise sur une fleur de Nelumbo.
La Chimère forme couvercle, Grès d'Hizen. —
Pièce excessivement rare et dont la pâte est gris perle foncé.

85 — Vase avec socle.

> Émail bleu turquoise.

86 — Éventail de la fabrique de Satzuma.

> Décor de différents tons, rehaussé d'or. — Collection Vial.

87 — Flacon carré.

> Couverte bleue, décor d'un dragon dit décor empois.

88 — Bol affectant la forme cornet.

> Fabrique de Firado, décor bleu, papillon et fleurs.

89 — Plaque décor oiseaux et fleurs.

> Très beaux émaux.

90 — Tasse et soucoupe couverte émail, vert de cuivre.

91 — Coupe émail fond vert pré.

92 — Tasse.

> Fabrique de Kioto. — La couverte de cette pièce est émaillée cèdre.

93 — Coupe.

> Fabrique de Keuzou émail vert.

94 — Très belle plaque de la famille verte, richement décorée de l'époque de Kang-Hi.

> Cette pièce est montée en bois de fer sculpté et forme écran.

95 — Grand plat, famille verte époque de Kang-Hi.

> Très beau décor.

96 — Potiche.

> Décorée de lambrequins en rouge. — Cette pièce a été rognée.

97 — Potiche octogone émail bleu.

98 et 99 — Paire de vases forme carafon.

> Fabrique de Kawanne.

100 — Vase gaufré, émail blanc.

101   Très beau Vase Rouleau.

102 — Aiguière décor de médaillons.

> Fabrique de Akawahata.

103 — Flacon décor de feuilles vertes et marguerites.

> Fabrique de Awata.

104 — Flacon émaillé.

> Grès de Hizen.

105 — Potiche émail noir dessins or.

106 — Ecran décor chrysanthèmo-paéonien.

> Fabrique de Ko-Koutaï i.

107 — Vase à couvercle.

> Epoque Kang-Hi.

108 — Flacon à thé en grès gravé émaillé vert de
cuivre.

109 — Aiguière.

> Email bleu.

110 — Petit Vase forme balustre.
> Email vert, jaune et neutre. — Epoque de
> Kang-Hi.

111 — Petit Encrier forme salamandre.

> Email vert de cuivre.

112 — Coupe.
> Email blanc craquelé. Fabrique de Siraiskii,
> province de Hizen.

113 — Plaque carrée, porcelaine rugueuse, avec divinités diverses et Confucius.

Epoque des Ming. Monture en bois de fer sculpté.

114 — Petit Vase émail flambé, foie de mulet.

Superbe émail.

115 — Vase ovoïde à col court.

Email foie de veau.

116 — Grosse Bouteille.

Email gris brouillard.

117 — Vase à grosse panse. Surbaisse et anses. Têtes d'éléphants.

Email bois de cèdre brillant.

118 — Vase ovoïde à collerette.

Email gros bleu.

119 — Vase flambé haricot rouge, jaspé de jaune.

120 — Vase à panse en grand relief et partie réticulée.

121 — Petit Vase forme gourde.

Couverte céladon.

122 — Bouteille émail, poussière de thé vert.

123 — Vase forme œuf.

Couverte flambée, émail Pintade.

124 — Grand Vase à panse obèse, anses à masques de Chimères.

Émail céladon.

125 — Petit Vase.

Émail bleu turquoise.

26 — Autre Vase à panse ronde.

Émail bleu turquoise.

127 — Vase ovoïde.

Émail flambé suiffé.

128 — Deux petits Vases gravés sous couverte.
Émail céladon, monture en bronze doré style
Louis XV.

129 — Grosse Bouteille.

Émail poussière de thé noir.

130 — Grosse Bouteille à anses détachées le long du
col et ajourées.

Émail poussière de thé vert.

131 — Vase.

Émail fer.

132 — Sous ce numéro, environ trente pièces, émaux
de différents tons. Encriers, Vases, Assiettes et
plats.

IMPRIMERIE CENTRALE DES CHEMINS DE FER. — IMPRIMERIE CHAIX.
RUE BERGÈRE 20, PARIS. — 23082-3.

www.ingramcontent.com/pod-product-compliance
Lightning Source LLC
LaVergne TN
LVHW020900200726
843508LV00003B/1261